Tarcila Tommasi, fsp

NOVENA DA FAMÍLIA

Textos bíblicos: *Bíblia Sagrada* – tradução da CNBB, 7ª ed., 2008.

Direção-geral: *Bernadete Boff*
Editora responsável: *Andréia Schweitzer*
Copidesque: *Patrícia Hehs Spencer de Paula*
Coordenação de revisão: *Marina Mendonça*
Revisão: *Leonilda Menossi*
Gerente de produção: *Felício Calegaro Neto*
Diagramação: *Manuel Rebelato Miramontes*

1ª edição 2014
3ª reimpressão 2019

Paulinas
Rua Dona Inácia Uchoa, 62
04110-020 – São Paulo – SP (Brasil)
Tel.: (11) 2125-3500
http://www.paulinas.com.br – editora@paulinas.com.br
Telemarketing e SAC: 0800-7010081
© Pia Sociedade Filhas de São Paulo – São Paulo, 2014

Convite

Com esta *Novena da família* você recebe uma proposta de celebração que pode ser feita em família, ou em grupos de famílias, ou na comunidade paroquial. É uma oportunidade de se reunirem para um momento de oração. Já é conhecido o ditado: "A família que reza unida, permanece unida".

A experiência nos confirma que a oração onde se coloca e se entrega a família a Deus, seu Criador, tem a proteção e a bênção divinas. De fato, hoje, a família que reza faz a diferença em nossa sociedade, tão carente de valores, que a libertem de todo mal.

A autora

Abreviaturas

CIC = Catecismo da Igreja Católica
D = Dirigente

1º dia

FAMÍLIA, DOM E BÊNÇÃO DE DEUS

Acolhida

D: Nesta novena vamos celebrar, em oração, a vida da família, refletindo sobre seu verdadeiro sentido, como dom de Deus, abençoado por ele desde sua origem. Iniciemos nosso encontro invocando a Santíssima Trindade.

Todos: Em nome do Pai, do Filho e do Espírito Santo. Amém.

Canto

À escolha.

Oração inicial

Todos: Senhor e Pai, nós vos agradecemos pelo dom da nossa família. Que possamos nela viver a união, o amor que caracterizou a Sagrada Família, constituída por Jesus Cristo, Maria Santíssima e São José. Que possamos caminhar com a vossa bênção, unidos na fraternidade, no amor recíproco e na fé cristã que nos sustenta nas dificuldades. Isso vos pedimos, por nosso Senhor Jesus Cristo, vosso Filho, na unidade do Espírito Santo. Amém.

Leitura bíblica

D: Ouçamos o que diz a Palavra de Deus.
Leitor: Leitura do Livro do Gênesis 1,26-28. "Deus disse: 'Façamos o ser humano à nossa imagem e segundo nossa semelhança, para que domine sobre os peixes do mar, as aves do céu, os animais domésticos, todos os animais selvagens e todos os animais que se movem pelo chão'. Deus criou o ser humano à sua imagem, à imagem de Deus o criou. Homem e mulher ele os criou. E Deus os abençoou e lhes disse: 'Sede fecundos e multiplicai-vos, enchei a terra e submetei-a! Dominai sobre os peixes do mar, as aves do céu e todos os animais que se movem pelo chão.'"

Reflexão

D: A Sagrada Escritura abre-se narrando a história da criação do homem e da mulher, à imagem e semelhança de Deus (Gn 1,27). "Ser homem", ou "ser mulher" é uma realidade querida por Deus criador. Ambos foram criados "um para o outro", isto é, para uma vida de comunhão entre as pessoas. Deus é amor e a vocação humana se constitui à imagem e semelhança da comunhão trinitária do Pai eterno, do Filho e do Espírito Santo.

(Pausa para repetir alguma expressão que ouvimos.)

Prece da família

D: Senhor e Pai, nós vos agradecemos pela instituição da família e porque nos destes como modelo a família de Nazaré.

Todos: Senhor, abençoai nossa família.

D: Que em nosso lar vivamos a união, o amor e a laboriosidade que constrói o bem-estar de todos.

Todos: Senhor, abençoai nossa família.

D: Senhor, que nossa família forme uma comunidade de amor, onde se valoriza a pessoa e se respeita sua dignidade.

Todos: Senhor, abençoai nossa família.

D: Rezemos pelas necessidades das famílias (*intenções espontâneas*). Nestas intenções rezemos: Pai-Nosso, Ave-Maria, Glória.

Oração final

Todos: Senhor e Pai, nós vos agradecemos por esta oração. Que nossa Senhora, que é Mãe e mestra das famílias, seja nosso modelo em todas as virtudes domésticas e sociais. Que a nossa família seja um espaço de aconchego, onde todos possamos viver a paz, a alegria e o respeito, como também a colaboração e a ajuda nos momentos difíceis. Por nosso Senhor Jesus Cristo, vosso Filho, na unidade do Espírito Santo. Amém.

2º dia

O PROJETO DIVINO

Acolhida

D: Iniciemos nosso encontro invocando a Santíssima Trindade.

Todos: Em nome do Pai, do Filho e do Espírito Santo. Amém.

Canto

À escolha.

Oração inicial

Todos: Senhor e Pai, nós vos agradecemos pelo dom da nossa família. Que possamos nela viver a união, o amor que caracterizou a Sagrada Família, constituída por Jesus Cristo, Maria Santíssima e São

José. Que possamos caminhar com a vossa bênção, unidos na fraternidade, no amor recíproco e na fé cristã que nos sustenta nas dificuldades. Isso vos pedimos, por nosso Senhor Jesus Cristo, vosso Filho, na unidade do Espírito Santo. Amém.

Leitura bíblica

D: Ouçamos o que diz a Palavra de Deus.

Leitor: Leitura do Evangelho segundo Marcos 10,6-9. "Desde o princípio da criação Deus os fez homem e mulher. Por isso, o homem deixará pai e mãe e se unirá à sua mulher, e os dois formarão uma só carne; assim, já não são dois, mas uma só carne. Portanto, o que Deus uniu o homem não separe!"

Reflexão

"Ao criar o homem e a mulher, Deus instituiu a família humana e dotou-a de sua constituição fundamental. Seus membros são pessoas iguais em dignidade" (CIC 2203).

Segundo esse projeto divino, o homem e a mulher são igualmente chamados ao dom de si no amor e no dom da vida.

O amor verdadeiro, no casamento, não cai do céu pronto; ele vai se construindo na vivência de cada dia.
(Repetir alguma expressão que ouvimos.)

Prece da família

D: Senhor e Pai, que nós, pais e mães de família, consideremos nossos filhos como filhos de Deus.
Todos: Senhor, abençoai nossa família.
D: Senhor, que nunca desanimemos de buscar o amor verdadeiro, que se constrói na vivência de cada dia.
Todos: Senhor, abençoai nossa família.
D: Senhor, que cessem as agressões à família, principalmente pela cultura urbana pós-moderna e pelos meios de comunicação social.
Todos: Senhor, abençoai nossa família.
D: Rezemos pelas famílias necessitadas *(intenções espontâneas)*. Nestas intenções rezemos: Pai-Nosso, Ave-Maria, Glória.

Oração final

Todos: Senhor e Pai, nós vos agradecemos por esta oração. Que nossa Senhora, que é Mãe e mestra das famílias, seja nosso modelo em todas as virtudes domésticas e sociais. Que a nossa família seja um espaço de aconchego, onde todos possamos viver a paz, a alegria e o respeito, como também a colaboração e a ajuda nos momentos difíceis. Por nosso Senhor Jesus Cristo, vosso Filho, na unidade do Espírito Santo. Amém.

3º dia

PAZ E COMPREENSÃO

Acolhida

D: Iniciemos nosso encontro invocando a Santíssima Trindade.

Todos: Em nome do Pai, do Filho e do Espírito Santo. Amém.

Canto

À escolha.

Oração inicial

Todos: Senhor e Pai, nós vos agradecemos pelo dom da nossa família. Que possamos nela viver a união, o amor que caracterizou a Sagrada Família, constituída por Jesus Cristo, Maria Santíssima e São José. Que possamos caminhar com a vossa bênção, unidos na fraternidade, no amor recíproco e na fé cristã que nos sustenta nas dificuldades. Isso vos pedimos, por nosso Senhor Jesus Cristo, vosso Filho, na unidade do Espírito Santo. Amém.

Leitura bíblica

D: Ouçamos o que diz a Palavra de Deus.
Leitor: Leitura da Carta aos Efésios 5,25-33. "Maridos, amai as vossas mulheres, como Cristo também amou a Igreja e se entregou por ela, a fim de santificar pela palavra aquela que ele purifica pelo banho da água. Pois ele quis apresentá-la a si mesmo toda bela, sem mancha nem ruga ou qualquer reparo, mas santa e sem defeito. É assim que os maridos devem amar suas esposas, como amam seu próprio corpo. Aquele que ama sua esposa está amando a si mesmo. Ninguém jamais odiou sua própria carne. Pelo contrário, alimenta-a e a cerca de cuidado, como Cristo faz com a Igreja; e nós somos membros do seu corpo! 'Por isso, o homem deixará seu pai e sua mãe e se unirá à sua mulher, e os dois serão uma só carne'. Este mistério é grande – eu digo isto com referência a Cristo e à Igreja. Em suma, cada um de vós também ame a sua

esposa como a si mesmo; e que a esposa tenha respeito pelo marido."

Reflexão

D: Na convivência dos esposos, é preciso ter presente que as pessoas provêm de famílias diferentes, com formação e costumes diferentes.

A partir dessa realidade é necessário aprender a conhecer-se mais profundamente, aprender a entender as diferenças.

No casal, ambos têm suas limitações, seus defeitos, suas qualidades; só uma atitude de compreensão e, às vezes, de perdão devolve o amor.

Antes que a decepção tome conta de qualquer decisão separadora, lembremos que há em nós, seres humanos, capacidade para o diálogo, para mudanças, para corrigir nossas limitações que causam tanto mal-estar na convivência.

(Pausa para repetir alguma expressão que mais nos tocou.)

Prece da família

D: Senhor, que a compreensão e a paciência acompanhem sempre o relacionamento entre os membros de nossa família.

Todos: Senhor, abençoai nossa família.

D: Senhor, dai-nos o dom da sabedoria que nos ajuda a distinguir o certo e o errado nas apresentações dos meios de comunicação social sobre o casamento e a família.

Todos: Senhor, abençoai nossa família.

D: Senhor, nós vos agradecemos pela capacidade que nos destes de dialogar, mudar e corrigir nossas atitudes que possam ferir nosso relacionamento.

Todos: Senhor, abençoai nossa família.

D: Rezemos pelas famílias necessitadas (*intenções espontâneas*). Nestas intenções rezemos: Pai-Nosso, Ave-Maria, Glória.

Oração final

Todos: Senhor e Pai, nós vos agradecemos por esta oração. Que nossa Senhora, que é Mãe e mestra das famílias, seja nosso modelo em todas as virtudes domésticas e sociais. Que a nossa família seja um espaço de aconchego, onde todos possamos viver a paz, a alegria e o respeito, como também a colaboração e a ajuda nos momentos difíceis. Por nosso Senhor Jesus Cristo, vosso Filho, na unidade do Espírito Santo. Amém.

4º dia

AMOR VERDADEIRO

Acolhida

D: Iniciemos nosso encontro invocando a Santíssima Trindade.

Todos: Em nome do Pai, do Filho e do Espírito Santo. Amém.

Canto

À escolha.

Oração inicial

Todos: Senhor e Pai, nós vos agradecemos pelo dom da nossa família. Que possamos nela viver a união, o amor que caracterizou a Sagrada Família, constituída por Jesus Cristo, Maria Santíssima e São

José. Que possamos caminhar com a vossa bênção, unidos na fraternidade, no amor recíproco e na fé cristã que nos sustenta nas dificuldades. Isso vos pedimos, por nosso Senhor Jesus Cristo, vosso Filho, na unidade do Espírito Santo. Amém.

Leitura bíblica

D: Ouçamos o que diz a Palavra de Deus.
Leitor: Leitura da 1ª Carta aos Coríntios 13,4-7. "O amor é paciente, é benfazejo; não é invejoso, não é presunçoso nem se incha de orgulho; não faz nada de vergonhoso, não é interesseiro, não se encoleriza, não leva em conta o mal sofrido; não se alegra com a injustiça, mas fica alegre com a verdade. Ele desculpa tudo, crê tudo, espera tudo, suporta tudo."

Reflexão

D: Há pessoas que perguntam: é possível viver o amor verdadeiro? Sim, é possível, porque amar é a vocação do ser humano. Com este objetivo o homem e a mulher foram criados, e para alcançá-lo se uniram em casamento. A conquista dessa felicidade merece todo o empenho do casal, mesmo diante de dificuldades que não faltam na vida de toda família. Já o nosso querido e sábio Dom Helder Camara dizia: "É graça divina começar bem. Graça maior é perseverar na caminhada. Mas a graça das graças é não desistir nunca".

Prece da família

D: Rezemos para que a fidelidade de Deus às suas promessas nos dê forças para sermos fiéis em nosso compromisso conjugal.

Todos: Senhor, escutai a nossa prece.

D: Em meio às dificuldades, invoquemos o auxílio divino: "O Senhor é minha luz e salvação; ele é quem defende a minha vida" (Sl 27,1).

Todos: Senhor, escutai a nossa prece.

D: Senhor, vós que curastes o cego, o leproso, o surdo-mudo, curai os que sofrem pela separação conjugal.

Todos: Senhor, escutai a nossa prece.

(*Intenções espontâneas.*)

D: Nestas intenções rezemos: Pai-Nosso, Ave-Maria, Glória.

Oração final

Todos: Senhor e Pai, nós vos agradecemos por esta oração. Que nossa Senhora, que é Mãe e mestra das famílias, seja nosso modelo em todas as virtudes domésticas e sociais. Que a nossa família seja um espaço de aconchego, onde todos possamos viver a paz, a alegria e o respeito, como também a colaboração e a ajuda nos momentos difíceis. Por nosso Senhor Jesus Cristo, vosso Filho, na unidade do Espírito Santo. Amém.

5º dia

EDUCAR EM VALORES

Acolhida

D: Iniciemos nosso encontro invocando a Santíssima Trindade.

Todos: Em nome do Pai, do Filho e do Espírito Santo. Amém.

Canto

À escolha.

Oração inicial

Todos: Senhor e Pai, nós vos agradecemos pelo dom da nossa família. Que possamos nela viver a união, o amor que caracterizou a Sagrada Família, constituída por Jesus Cristo, Maria Santíssima e São

José. Que possamos caminhar com a vossa bênção, unidos na fraternidade, no amor recíproco e na fé cristã que nos sustenta nas dificuldades. Isso vos pedimos, por nosso Senhor Jesus Cristo, vosso Filho, na unidade do Espírito Santo. Amém.

Leitura bíblica

D: Ouçamos o que nos diz a Palavra de Deus.

Leitor: Leitura da Carta aos Efésios 6,1-4. "Filhos, obedecei a vossos pais, no Senhor, pois isto é de justiça. 'Honra teu pai e tua mãe' – este é o primeiro mandamento que vem acompanhado de uma promessa – 'a fim de que sejas feliz e tenhas longa vida sobre a terra'. E vós, pais, não provoqueis revolta nos vossos filhos; antes, educai-os com uma pedagogia inspirada no Senhor."

Reflexão

D: "Os pais são os primeiros responsáveis pela educação dos filhos. Aos pais cabe a responsabilidade pela formação de um lar no qual a ternura, o perdão, o respeito, a fidelidade e o serviço desinteressado são a regra" (CIC 2223).

Acautelar os filhos contra os perigos que ameaçam a vida e as desordens que excluem a paz na sociedade é cuidar da formação moral deles. Os valores humanos e cristãos são aprendidos na família e com o testemunho dos pais.

Quais valores humanos e cristãos estamos ensinando a nossos filhos: o respeito, a compreensão, a estudiosidade, o cuidado do meio ambiente, a fé cristã?

(Pausa para reflexão.)

Prece da família

D: Senhor, que sois fonte de todo bem, contamos com vosso auxílio para ensinar e testemunhar os valores que tornam a família um espaço de paz e compreensão.

Todos: Senhor, escutai a nossa prece.

D: Abençoai, Senhor, todo empenho em defesa do meio ambiente, dos valores humanos e cristãos, para que nossa sociedade seja mais humana e livre da violência.

Todos: Senhor, escutai nossa prece.

D: Senhor da vida, abençoai todos os que lutam por mais saúde e se empenham no cuidado da conservação da vida.

Todos: Senhor, escutai nossa prece.
(*Intenções espontâneas.*)
D: Por essas intenções rezemos: Pai-Nosso, Ave-Maria, Glória.

Oração final

Todos: Senhor e Pai, nós vos agradecemos por esta oração. Que nossa Senhora, que é Mãe e mestra das famílias, seja nosso modelo em todas as virtudes domésticas e sociais. Que a nossa família seja um espaço de aconchego, onde todos possamos viver a paz, a alegria e o respeito, como também a colaboração e a ajuda nos momentos difíceis. Por nosso Senhor Jesus Cristo, vosso Filho, na unidade do Espírito Santo. Amém.

6º dia

A FAMÍLIA E A SOCIEDADE

Acolhida

D: Iniciemos nosso encontro invocando a Santíssima Trindade.

Todos: Em nome do Pai, do Filho e do Espírito Santo. Amém.

Canto

À escolha.

Oração inicial

Todos: Senhor e Pai, nós vos agradecemos pelo dom da nossa família. Que possamos nela viver a união, o amor que caracterizou a Sagrada Família, constituída por Jesus Cristo, Maria Santíssima e São

José. Que possamos caminhar com a vossa bênção, unidos na fraternidade, no amor recíproco e na fé cristã que nos sustenta nas dificuldades. Isso vos pedimos, por nosso Senhor Jesus Cristo, vosso Filho, na unidade do Espírito Santo. Amém.

Leitura bíblica

D: Ouçamos o que nos diz a Palavra de Deus.

Leitor: Leitura do Livro do Êxodo 20,12-17. "Honra teu pai e tua mãe, para que vivas longos anos na terra que o Senhor teu Deus te dará. Não cometerás homicídio. Não cometerás adultério. Não furtarás. Não darás falso testemunho contra o teu próximo. Não cobiçarás a casa do teu próximo. Não cobiçarás a mulher do teu próximo, nem seu escravo, nem sua escrava, nem seu boi, nem seu jumento, nem coisa alguma do que lhe pertença."

Reflexão

É na família que se formam as pessoas para a vida: o respeito para com todos. Especialmente para os pais, os avós, os doentes ou deficientes. Essas relações se expressam na afeição recíproca, na afinidade de sentimentos, nas atitudes filiais e fraternas.

"O lar constitui um ambiente natural para a iniciação do ser humano na solidariedade e nas responsabilidades comunitárias. O poder civil, de sua parte, deve apoiar a instituição familiar, proteger a verdadeira natureza do casamento e da família" (CIC 2207-10).

(Pausa para repetir alguma palavra ou expressão.)

Prece da família

D: Senhor da vida, nós vos pedimos por muitas famílias que vivem debaixo de pontes, ao relento, para que consigam apoio e moradia junto aos poderes responsáveis.

Todos: Tende misericórdia, Senhor.

D: Pelas pessoas doentes e desesperançadas, pelas idosas e solitárias.

Todos: Tende misericórdia, Senhor.

D: Pela libertação dos que vivem dependentes das drogas e de outros vícios.

Todos: Tende misericórdia, Senhor.

(Intenções espontâneas.)

D: Nestas intenções rezemos: Pai-Nosso, Ave-Maria, Glória.

Oração final

Todos: Senhor e Pai, nós vos agradecemos por esta oração. Que nossa Senhora, que é Mãe e mestra das famílias, seja nosso modelo em todas as virtudes domésticas e sociais. Que a nossa família seja um espaço de aconchego, onde todos possamos viver a paz, a alegria e o respeito, como também a colaboração e a ajuda nos momentos difíceis. Por nosso Senhor Jesus Cristo, vosso Filho, na unidade do Espírito Santo. Amém.

7º dia

FONTE DA PATERNIDADE MATERNAL

Acolhida

D: Iniciemos nosso encontro invocando a Santíssima Trindade.

Todos: Em nome do Pai, do Filho e do Espírito Santo. Amém.

Canto

À escolha.

Oração inicial

Todos: Senhor e Pai, nós vos agradecemos pelo dom da nossa família. Que possamos nela viver a união, o amor que caracterizou a Sagrada Família, constituída por Jesus Cristo, Maria Santíssima e São

José. Que possamos caminhar com a vossa bênção, unidos na fraternidade, no amor recíproco, na fé cristã que nos sustenta nas dificuldades. Isso vos pedimos, por nosso Senhor Jesus Cristo, vosso Filho, na unidade do Espírito Santo. Amém.

Leitura bíblica

D: Ouçamos o que diz a Palavra de Deus.
Leitor: Leitura do Livro do Êxodo 20,12. "Honra teu pai e tua mãe, para que vivas longos anos na terra que o Senhor teu Deus te dará."

Reflexão

"Deus é pai e mãe", assim nos revelou Jesus Cristo em sua vida terrena. Esta paternidade maternal é o fundamento do amor conjugal.

"O respeito devido aos pais é produto do reconhecimento para com aqueles que, pelo dom da vida, por seu amor e por seu trabalho, puseram seus filhos no mundo e contribuíram para que crescessem em estatura, sabedoria e graça" (CIC 2214-15).

Diz a Sagrada Escritura: "Honra teu pai de todo o coração e não esqueças as dores de tua mãe. Lembra-te que foste gerado por eles. O que lhes darás pelo que te deram?" (Eclo 7,27-28).

(Pausa para repetir alguma expressão que ouvimos.)

Prece da família

D: Coloquemos diante do Senhor a nossa vida e nossa família: as pessoas e os trabalhos...
Todos: Nós vos entregamos, Senhor.
D: Nossas alegrias e nossas tristezas...
Todos: Nós vos entregamos, Senhor.
D: Todo cansaço e todo empenho para melhorar as condições morais, culturais, espirituais e econômicas de nossa família...
Todos: Nós vos entregamos, Senhor.
(Intenções espontâneas.)
D: Nestas intenções rezemos: Pai-Nosso, Ave--Maria, Glória.

Oração final

Todos: Senhor e Pai, nós vos agradecemos por esta oração. Que nossa Senhora, que é Mãe e mestra das famílias, seja nosso modelo em todas as virtudes domésticas e sociais. Que a nossa família seja um espaço de aconchego, onde todos possamos viver a paz, a alegria e o respeito, como também a colaboração e a ajuda nos momentos difíceis. Por nosso Senhor Jesus Cristo, vosso Filho, na unidade do Espírito Santo. Amém.

8º dia

EDUCAR NA FÉ

Acolhida

D: Iniciemos nosso encontro invocando a Santíssima Trindade.

Todos: Em nome do Pai, do Filho e do Espírito Santo. Amém.

Canto:

À escolha.

Oração inicial

Todos: Senhor e Pai, nós vos agradecemos pelo dom da nossa família. Que possamos nela viver a união, o amor que caracterizou a Sagrada Família, constituída por Jesus Cristo, Maria Santíssima e São

José. Que possamos caminhar com a vossa bênção, unidos na fraternidade, no amor recíproco e na fé cristã que nos sustenta nas dificuldades. Isso vos pedimos, por nosso Senhor Jesus Cristo, vosso Filho, na unidade do Espírito Santo. Amém.

Leitura bíblica

D: Ouçamos o que diz a Palavra de Deus.
Leitor: Leitura do Livro de Tobias 14,8. "Filhos, eu vos recomendo: Servi a Deus na verdade e fazei diante dele o que lhe agrada. Ordene-se também a vossos filhos que pratiquem boas obras, especialmente a esmola, e se lembrem sempre de Deus e bendigam o seu nome em todo tempo, na verdade e com todas as forças."

Reflexão

A fecundidade do amor conjugal não se limita só à procriação dos filhos, mas se estende à sua educação moral e à formação espiritual (cf. CIC 2221). A educação para a fé deve começar desde a mais tenra infância. Nesta missão os pais são insubstituíveis, porque o testemunho de vida cristã no lar, unido à catequese e à oração em família, torna mais fácil o crescimento dos filhos nas virtudes, especialmente nas relações entre pais e filhos, e dos filhos entre si.

(Repetir alguma expressão que ouvimos.)

Prece da família

D: Senhor, olhai com amor a nossa família, ajudai-nos nas dificuldades para a educação cristã de nossos filhos.

Todos: Tende piedade de nós, Senhor.

D: Senhor, fortalecei nossa fé para que possamos testemunhá-la com amor aos nossos filhos.

Todos: Tende piedade de nós, Senhor.

D: Senhor, dai-nos coragem e generosidade para que possamos colaborar com as pessoas que trabalham na Pastoral Familiar.

Todos: Tende piedade de nós, Senhor.

(Intenções espontâneas.)

D: Por estas intenções rezemos: Pai-Nosso, Ave-Maria, Glória.

Oração final

Todos: Senhor e Pai, nós vos agradecemos por esta oração. Que nossa Senhora, que é Mãe e mestra das famílias, seja nosso modelo em todas as virtudes domésticas e sociais. Que a nossa família seja um espaço de aconchego, onde todos possamos viver a paz, a alegria e o respeito, como também a colaboração e a ajuda nos momentos difíceis. Por nosso Senhor Jesus Cristo, vosso Filho, na unidade do Espírito Santo. Amém.

9º dia

A PALAVRA DE DEUS NA FAMÍLIA

Acolhida

D: Iniciemos nosso encontro invocando a Santíssima Trindade.

Todos: Em nome do Pai, do Filho e do Espírito Santo. Amém.

Canto

À escolha.

Oração inicial

Todos: Senhor e Pai, nós vos agradecemos pelo dom da nossa família. Que possamos nela viver a união, o amor que caracterizou a Sagrada Família, constituída por Jesus Cristo, Maria Santíssima e São

José. Que possamos caminhar com a vossa bênção, unidos na fraternidade, no amor recíproco e na fé cristã que nos sustenta nas dificuldades. Isso vos pedimos, por nosso Senhor Jesus Cristo, vosso Filho, na unidade do Espírito Santo. Amém.

Leitura bíblica

D: Ouçamos o que diz a Palavra de Deus.
Leitor: Leitura da 1 Ts 2,13. "Agradecemos a Deus sem cessar, porque, ao receberdes a Palavra de Deus que ouvistes de nós, vós a recebestes não como palavra humana, mas como o que ela de fato é: Palavra de Deus, que age em vós que acreditais."

Reflexão

Um fator de grande importância na educação da fé é o contato com a Palavra de Deus, na Bíblia. Não há idade para esta iniciação: a história sagrada ou os contos bíblicos foram o início da catequese para muitos de nós, cristãos. Com o passar dos anos, pode-se introduzir a Leitura Orante da Bíblia em família, ou participar de algum grupo da comunidade paroquial. A exemplo da Sagrada Família, Jesus, Maria e José, acostumemo-nos à leitura e escuta da Palavra de Deus: ela ilumina nossa mente, sustenta nossa fé, orienta nosso caminho.

(Pausa para repetir alguma frase.)

Prece da família

D: Senhor, para que busquemos na vossa Palavra, na Bíblia, a luz e a orientação para iluminar nossos caminhos.

Todos: Nós cremos em vossa Palavra, Senhor.

D: Para que saibamos, fundamentados na Palavra de Deus, dar a nós mesmos e a quem nos pede a razão de nossa fé cristã.

Todos: Nós cremos em vossa Palavra, Senhor.

D: Ser cristão significa ser discípulo-evangelizador do Divino Mestre Jesus Cristo. Dai-nos coragem e muito amor para viver e divulgar a Palavra de Deus.

Todos: Nós cremos em vossa Palavra, Senhor.

(Intenções espontâneas.)

D: Por estas intenções rezemos: Pai-Nosso, Ave--Maria, Glória.

Oração final

Todos: Senhor e Pai, nós vos agradecemos por esta oração. Que nossa Senhora, que é Mãe e mestra das famílias, seja nosso modelo em todas as virtudes domésticas e sociais. Que a nossa família seja um espaço de aconchego, onde todos possamos viver a paz, a alegria e o respeito, como também a colaboração e a ajuda nos momentos difíceis. Por nosso Senhor Jesus Cristo, vosso Filho, na unidade do Espírito Santo. Amém.

Orações

Sinal da cruz

Pelo sinal da Santa Cruz, livrai-nos, Deus, nosso Senhor, dos nossos inimigos. Em nome do Pai, do Filho e do Espírito. Amém.

Credo

Creio em Deus, Pai todo-poderoso, Criador do céu e da terra.

E em Jesus Cristo, seu único Filho, nosso Senhor, que foi concebido pelo poder do Espírito Santo; nasceu da Virgem Maria; padeceu sob Pôncio Pilatos, foi crucificado, morto e sepultado; desceu à mansão dos mortos; ressuscitou ao terceiro dia; subiu aos céus; está sentado à direita de Deus Pai todo-poderoso, de onde há de vir a julgar os vivos e os mortos.

Creio no Espírito Santo; na Santa Igreja Católica; na comunhão dos Santos; na remissão dos pecados; na ressurreição da carne; e na vida eterna. Amém.

Pai-Nosso

Pai nosso que estais nos céus, santificado seja o vosso nome, venha a nós o vosso Reino, seja feita a vossa vontade assim na terra como no céu. O pão nosso de cada dia nos dai hoje, perdoai-nos as nossas ofensas assim como nós perdoamos a quem nos tem ofendido, e não nos deixeis cair em tentação, mas livrai-nos do mal. Amém.

Ave-Maria

Ave, Maria, cheia de graça, o Senhor é convosco, bendita sois vós entre as mulheres e bendito é o fruto do vosso ventre, Jesus. Santa Maria, Mãe de Deus, rogai por nós pecadores, agora e na hora da nossa morte. Amém.

Salve-Rainha

Salve, Rainha, mãe de misericórdia, vida, doçura, esperança nossa, salve! A vós bradamos, os degredados filhos de Eva. A vós suspiramos, gemendo e chorando neste vale de lágrimas. Eia, pois, advogada nossa, esses vossos olhos misericordiosos a nós volvei. E, depois deste desterro, mostrai-nos Jesus, bendito fruto do vosso ventre. Ó clemente, ó piedosa, ó doce sempre Virgem Maria. Rogai por nós, Santa Mãe de Deus, para que sejamos dignos das promessas de Cristo.

Glória

Glória ao Pai e ao Filho e ao Espírito Santo. Como era no princípio, agora e sempre. Amém.

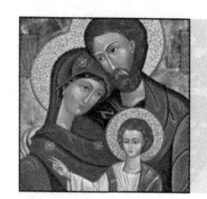

Canto

Oração pela família
(Letra e música: Pe. Zezinho, scj)

Que nenhuma família comece
em qualquer de repente.
Que nenhuma família termine por falta de amor.
Que o casal seja um para o outro de corpo
e de mente.
E que nada no mundo separe um casal sonhador.

Que nenhuma família se abrigue
de baixo da ponte.
Que ninguém interfira no lar e na vida dos dois.
Que ninguém os obrigue a viver sem nenhum
horizonte.

Que eles vivam do ontem e do hoje em função
de um depois.

Que a família comece e termine
sabendo aonde vai,
e que os homens carreguem
nos ombros a graça de um pai.
Que a mulher seja um céu de ternura,
aconchego e calor,
e que os filhos conheçam a força
que brota do amor.

Abençoa, Senhor, as famílias, amém.
Abençoa, Senhor, a minha também (bis).

Que marido e mulher tenham força
de amar sem medida.
Que ninguém vá dormir sem pedir
ou sem dar seu perdão.
Que as crianças aprendam no colo
o sentido da vida.
Que a família celebre a partilha
do abraço e do pão.

Que marido e mulher não se traiam,
nem traiam seus filhos.
Que o ciúme não mate a certeza
do amor entre os dois.
Que no seu firmamento,
a estrela que tem maior brilho,
seja a firme esperança de um céu
aqui mesmo e depois.

Sumário

- **3** Convite
- **5** 1º dia: Família, dom e bênção de Deus
- **9** 2º dia: O projeto divino
- **13** 3º dia: Paz e compreensão
- **17** 4º dia: Amor verdadeiro
- **21** 5º dia: Educar em valores
- **25** 6º dia: A família e a sociedade
- **29** 7º dia: Fonte da paternidade maternal
- **33** 8º dia: Educar na fé
- **37** 9º dia: A palavra de Deus na família
- **41** Orações
- **44** Canto